三门峡

庙底沟

河南省文物考古研究院
三门峡市文物考古研究所 编著
武汉大学历史学院考古系

（下）

文物出版社

彩版目录

1. 青龙涧河

2. 遗址远眺

彩版一　遗址远景

1. 遗址原貌

2. 遗址鸟瞰

彩版二　遗址全景

1. 张忠培现场指导发掘工作

2. 周昆叔、莫多闻现场环境调查

彩版三　专家指导工作

1. 河南省文化厅领导现场指导发掘工作

2. 河南省文化厅领导现场指导发掘工作

彩版四　领导指导工作

1. 河南省文物局领导现场指导发掘工作

2. 河南省文物局领导现场指导发掘工作

彩版五　领导指导工作

1. 河南省文物考古研究院领导现场指导发掘工作

2. 河南省文物考古研究院领导现场指导发掘工作

彩版六　领导指导工作

1.河南省文物工作会议代表参观现场

2.河南省文物工作会议代表参观现场

彩版七　代表参观现场

1.河南省博物院专家现场指导发掘工作

2.南京博物院专家现场指导发掘工作

彩版八　专家指导工作

1. 洛阳考古队参观现场

2. 洛阳考古队参观现场

彩版九　专家参观现场

1. 美国专家参观

2. 日本奈文研专家参观

彩版一〇 外国专家参观现场

1. 郑州大学历史系领导看望实习学生

2. 郑州大学历史系领导看望实习学生

第一排左起：韩炜、苗利娟、王文嘉、吴倩、刘效彬、张贺军、吕鹏、崔天兴、崔德生、贺辉、任光、陈钦龙

第二排左起：杨建设、任伟、王龙正、李兴华、荀书民、郭炎堂、姜建设、秦曙光、韩国河、于兆兴、靳松安、白复礼、樊温泉、贾连敏

彩版一一　领导看望学生

1. 郑州大学历史系领导看望实习学生

第一排左起：韩炜、王建民、魏兴涛、张志清、樊温泉、靳松安、王文嘉、苗利娟

第二排左起：吴倩、崔德生、崔天兴、陈钦龙、贺辉、任光、左俊、吕鹏、张贺军、刘效彬

2. 新闻媒体参观

彩版一二　领导看望学生、媒体参观现场

1. 河南省文物局领导参观库房

2. 美国学者参观库房

彩版一三　领导、专家参观

1. 靳松安教授

2. 发掘工作人员合影

彩版一四　　遗址发掘工作人员

1. 发掘现场

2. 发掘现场

彩版一五　遗址发掘现场

1. 发掘现场

2. 发掘现场

彩版一六　遗址发掘现场

1. 航拍

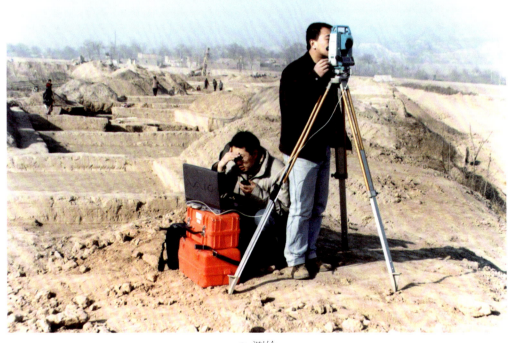

2. 测绘

彩版一七　遗址发掘现场

1. 发掘现场

2. 发掘现场

彩版一八　遗址发掘现场

1. 发掘现场

2. 发掘现场

彩版一九　遗址发掘现场

1. 发掘现场

2. 发掘现场

彩版二〇　遗址发掘现场

1. 发掘现场

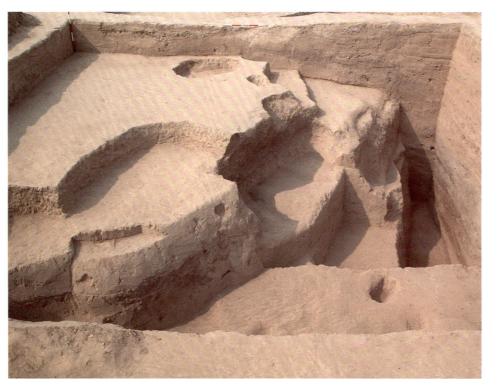

2. 发掘现场

彩版二一　遗址发掘现场

1. 发掘现场

2. 发掘现场

彩版二二　遗址发掘现场

1. 发掘现场

2. 发掘现场

彩版二三　遗址发掘现场

1.T21

2.T1

彩版二四　遗址探方

1. F8

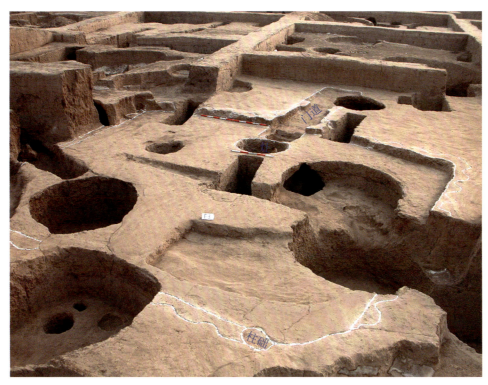

2. F3

彩版二五　庙底沟文化房址

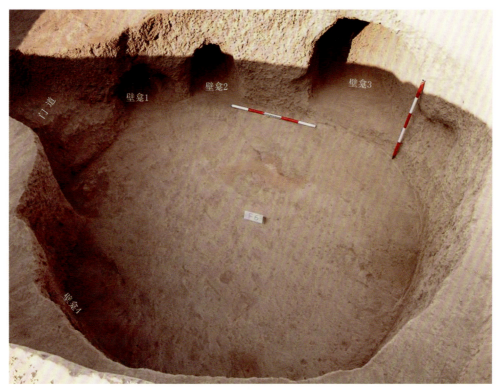

1.F6

2.F5

彩版二六　庙底沟遗址房址

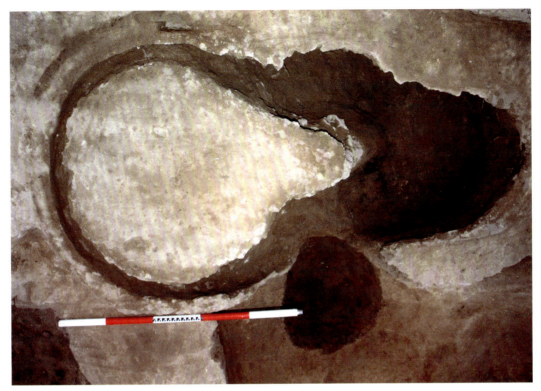

1.Y2

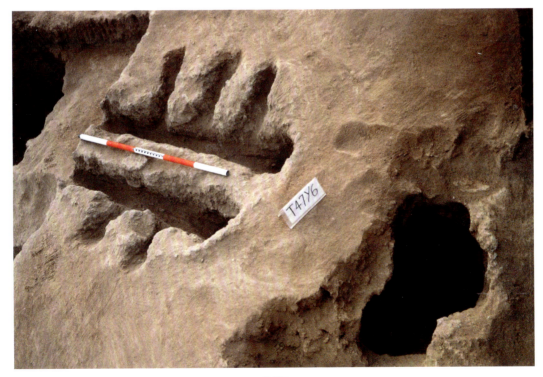

2.Y6

彩版二七　庙底沟遗址陶窑

1.H9

2.H800

彩版二八　庙底沟文化灰坑

1.H825

2.H782

彩版二九　庙底沟文化灰坑

1.H615

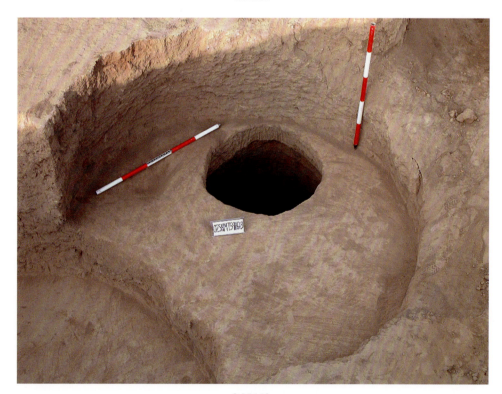

2.H643

彩版三○　庙底沟文化灰坑

1.H765

2.H765

彩版三一　庙底沟西王村类型文化灰坑

1. 彩陶钵（H1：4）

2. 彩陶双錾钵（H5：4）

彩版三二　庙底沟文化彩陶钵（H1、H5）

1. 彩陶钵（H7：2）

2. 彩陶钵（H7：3）

彩版三三　庙底沟文化彩陶钵（H7）

1. 彩陶钵（H7：4）

2. 彩陶钵（H7：5）

彩版三四　庙底沟文化彩陶钵（H7）

1. 彩陶钵（H7：6）

2. 彩陶钵（H7：7）

彩版三五　庙底沟文化彩陶钵（H7）

1. 彩陶钵（H7：8）

2. 彩陶钵（H7：10）

彩版三六　庙底沟文化彩陶钵（H7）

1. 彩陶钵（H7：11）

2. 彩陶钵（H9：12）

彩版三七　庙底沟文化彩陶钵（H7、H9）

1. 彩陶钵（H9：13）

2. 彩陶钵（H9：14）

彩版三八　庙底沟文化彩陶钵（H9）

1. 彩陶钵（H9：15）

2. 彩陶钵（H9：16）

彩版三九　庙底沟文化彩陶钵（H9）

1. 彩陶钵（H9：17）

2. 素面钵（H9：18）

彩版四〇　庙底沟文化陶钵（H9）

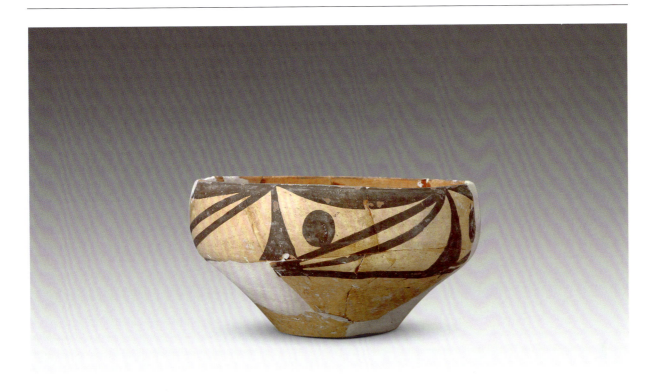

1. 彩陶钵（H9：19）

2. 素面钵（H9：28）

彩版四一　庙底沟文化陶钵（H9）

1. 素面钵（H72：15）

2. 素面钵（H9：29）

彩版四二　庙底沟文化素面钵（H72、H9）

1. 彩陶钵（H9：31）

2. 彩陶双錾钵（H9：46）

彩版四三　庙底沟文化彩陶钵（H9）

1. 彩陶钵（H9∶49）

2. 彩陶钵（H9∶50）

彩版四四　庙底沟文化彩陶钵（H9）

1. 素面钵（H9：51）

2. 彩陶钵（H9：76）

彩版四五　庙底沟文化陶钵（H9）

1. 彩陶钵（H9：77）

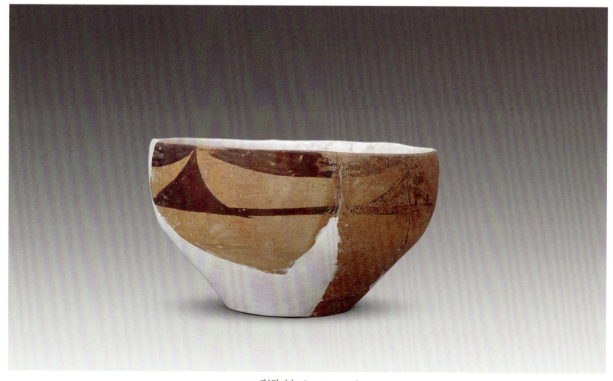

2. 彩陶钵（H9：80）

彩版四六　庙底沟文化彩陶钵（H9）

1. 彩陶钵（H9：83）

2. 彩陶钵（H9：84）

彩版四七　庙底沟文化彩陶钵（H9）

1. 彩陶钵（H9：86）

2. 彩陶钵（H9：87）

彩版四八　庙底沟文化彩陶钵（H9）

1. 彩陶钵（H9：88）

2. 彩陶钵（H9：91）

彩版四九　庙底沟文化彩陶钵（H9）

1. 彩陶钵（H17：3）

2. 彩陶钵（H43：1）

彩版五〇　庙底沟文化彩陶钵（H17、H43）

1. 彩陶钵（H29∶1）

2. 彩陶钵（H29∶2）

彩版五一　庙底沟文化彩陶钵（H29）

1. 彩陶钵（H29：5）

2. 彩陶钵（H29：6）

彩版五二　庙底沟文化彩陶钵（H29）

1. 彩陶钵（H29：9）

2. 彩陶钵（H29：10）

彩版五三　庙底沟文化彩陶钵（H29）

1. 彩陶钵（H29：16）

2. 彩陶钵（H29：20）

彩版五四　庙底沟文化彩陶钵（H29）

1. 彩陶钵（H39：2）

2. 彩陶钵（H39：3）

彩版五五　庙底沟文化彩陶钵（H39）

1. 彩陶钵（H39：6）

2. 彩陶钵（H39：7）

彩版五六　庙底沟文化彩陶钵（H39）

1. 彩陶钵（H39：8）

2. 彩陶钵（H39：13）

彩版五七　庙底沟文化彩陶钵（H39）

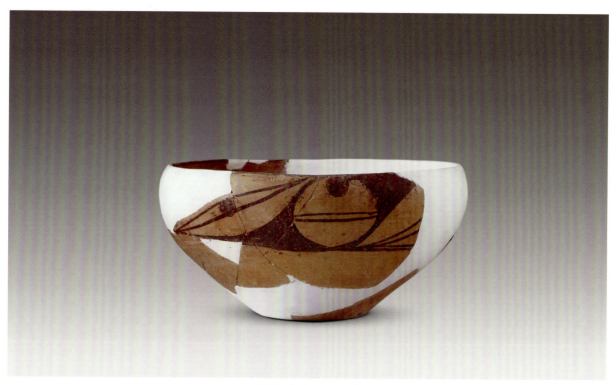

1. 彩陶钵（H43：2）

2. 彩陶钵（H51：8）

彩版五八　庙底沟文化彩陶钵（H43、H51）

1. 彩陶钵（H51：9）

2. 彩陶钵（H51：10）

彩版五九　庙底沟文化彩陶钵（H51）

1. 彩陶钵（H51：11）

2. 素面钵（H51：40）

彩版六〇　庙底沟文化陶钵（H51）

1. 彩陶钵（H57：6）

2. 彩陶钵（H57：8）

彩版六一　庙底沟文化彩陶钵（H57）

1. 彩陶钵（H57：9）

2. 彩陶钵（H70：4）

彩版六二　庙底沟文化彩陶钵（H57、H70）

1. 彩陶钵（H72∶3）

2. 彩陶钵（H72∶4）

彩版六三　庙底沟文化彩陶钵（H72）

1. 彩陶钵（H72∶5）

2. 彩陶钵（H72∶6）

彩版六四　庙底沟文化彩陶钵（H72）

1. 彩陶钵（H72：7）

2. 彩陶钵（H72：8）

彩版六五　庙底沟文化彩陶钵（H72）

1.彩陶钵（H74：14）

2.彩陶钵（H84：16）

彩版六六　庙底沟文化彩陶钵（H74、H84）

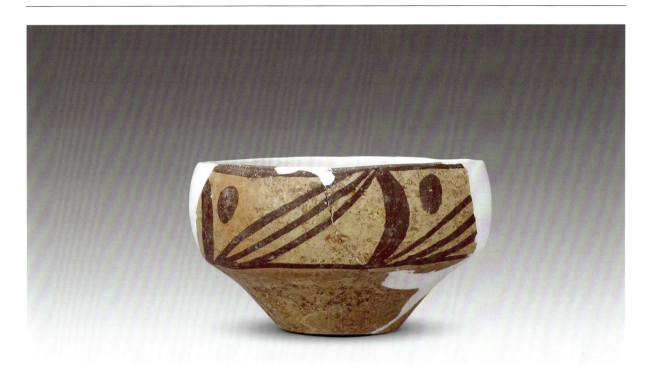

1. 彩陶钵（H84：18）

2. 彩陶钵（H84：21）

彩版六七　庙底沟文化彩陶钵（H84）

1. 彩陶钵（H87：3）

2. 彩陶钵（H87：4）

彩版六八　庙底沟文化彩陶钵（H87）

1. 彩陶钵（H87：5）

2. 彩陶钵（H108：19）

彩版六九　庙底沟文化彩陶钵（H87、H108）

1. 彩陶钵（H106：6）

2. 彩陶钵（H106：9）

彩版七〇　庙底沟文化彩陶钵（H106）

1. 彩陶钵（H110：8）

2. 彩陶钵（H110：13）

彩版七一　庙底沟文化彩陶钵（H110）

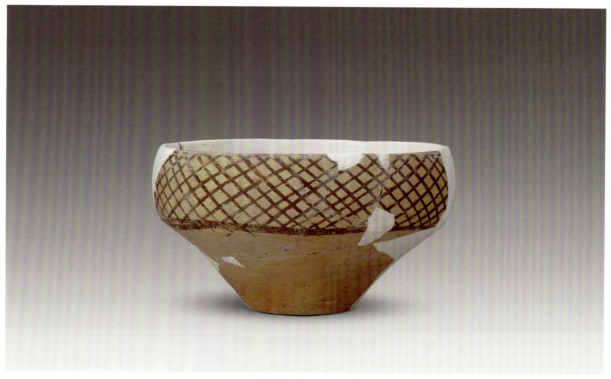

1. 彩陶钵（H111：6）

2. 彩陶钵（H114：13）

彩版七二 庙底沟文化彩陶钵（H111、H114）

1. 彩陶钵（H114：14）

2. 彩陶钵（H114：15）

彩版七三　庙底沟文化彩陶钵（H114）

1. 彩陶钵（H114：25）

2. 彩陶钵（H114：26）

彩版七四　庙底沟文化彩陶钵（H114）

1. 彩陶钵（H114：27）

2. 彩陶钵（H116：12）

彩版七五　庙底沟文化彩陶钵（H114、H116）

1. 彩陶钵（H116：16）

2. 彩陶钵（H116：38）

彩版七六　庙底沟文化彩陶钵（H116）

1. 彩陶钵（H116：40）

2. 彩陶钵（H116：44）

彩版七七　庙底沟文化彩陶钵（H116）

1. 彩陶钵（H116：45）

2. 彩陶钵（H152：2）

彩版七八　庙底沟文化彩陶钵（H116、H152）

1. 彩陶钵（H152：4）

2. 彩陶钵（H152：8）

彩版七九　庙底沟文化彩陶钵（H152）

1. 彩陶钵（H164：13）

1. 彩陶钵（H164：18）

彩版八〇　庙底沟文化彩陶钵（H164）

1. 彩陶钵（H164：19）

2. 彩陶钵（H164：20）

彩版八一　庙底沟文化彩陶钵（H164）

1. 彩陶钵（H164：21）

2. 彩陶钵（H164：22）

彩版八二　庙底沟文化彩陶钵（H164）

1. 彩陶钵（H164：23）

2. 彩陶钵（H164：24）

彩版八三　庙底沟文化彩陶钵（H164）

1. 彩陶钵（H164：25）

2. 彩陶钵（H165：2）

彩版八四　庙底沟文化彩陶钵（H164、H165）

1. 彩陶钵（H165∶3）

2. 彩陶钵（H165∶4）

彩版八五　庙底沟文化彩陶钵（H165）

1. 彩陶钵（H165：5）

2. 彩陶钵（H165：6）

彩版八六　庙底沟文化彩陶钵（H165）

1. 彩陶钵（H165：7）

2. 彩陶钵（H165：8）

彩版八七　庙底沟文化彩陶钵（H165）

1. 彩陶钵（H166：11）

2. 彩陶钵（H166：12）

彩版八八　庙底沟文化彩陶钵（H166）

1. 彩陶钵（H166：13）

2. 彩陶钵（H166：16）

彩版八九　庙底沟文化彩陶钵（H166）

1. 素面钵（H166：14）

2. 素面钵（H166：15）

彩版九〇　庙底沟文化素面钵（H166）

1. 彩陶钵（H166：19）

2. 彩陶钵（H166：21）

彩版九一　庙底沟文化彩陶钵（H166）

1. 彩陶钵（H166：22）

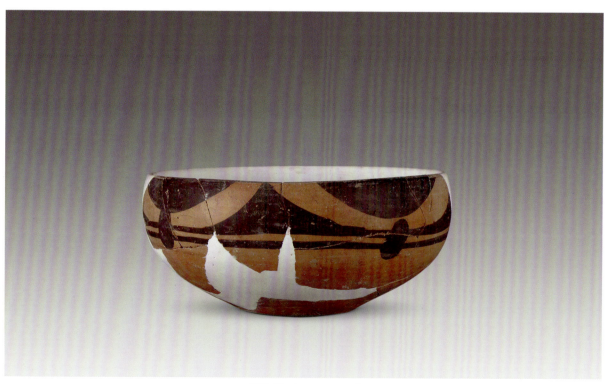

2. 彩陶钵（H166：23）

彩版九二　庙底沟文化彩陶钵（H166）

1. 彩陶钵（H166：25）

2. 彩陶钵（H166：26）

彩版九三　庙底沟文化彩陶钵（H166）

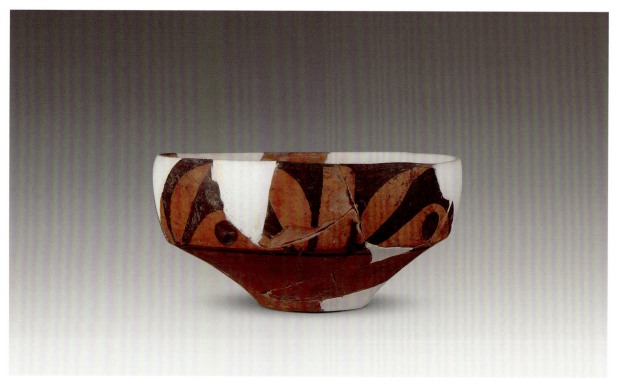

1. 彩陶钵（H166：31）

2. 彩陶钵（H166：64）

彩版九四　庙底沟文化彩陶钵（H166）

1. 彩陶钵（H166∶66）

2. 彩陶钵（H169∶1）

彩版九五　庙底沟文化彩陶钵（H166、H169）

1. 彩陶钵（H189：3）

2. 彩陶钵（H189：4）

彩版九六　庙底沟文化彩陶钵（H189）

1. 彩陶钵（H189：7）

2. 彩陶盆（H208：19）

彩版九七　庙底沟文化彩陶钵（H189、H208）

1. 彩陶钵（H209：1）

2. 彩陶钵（H210：3）

彩版九八　庙底沟文化彩陶钵（H209、H210）

1. 彩陶钵（H210：9）

2. 彩陶钵（H220：2）

彩版九九　庙底沟文化彩陶钵（H210、H220）

1. 素面钵（H220：20）

2. 彩陶钵（H220：27）

彩版一〇〇　庙底沟文化陶钵（H220）

1. 彩陶钵（H220：28）

2. 彩陶钵（H220：49）

彩版一○一　庙底沟文化彩陶钵（H220）

1. 彩陶钵（H224：1）

2. 彩陶钵（H278：11）

彩版一〇二　庙底沟文化彩陶钵（H224、H278）

1. 彩陶钵（H278：29）

2. 素面钵（H278：30）

彩版一〇三　庙底沟文化陶钵（H278）

1. 彩陶钵（H286：18）

2. 彩陶钵（H286：21）

彩版一〇四　庙底沟文化彩陶钵（H286）

1. 彩陶钵（H293：1）

2. 彩陶钵（H297：19）

彩版一〇五　庙底沟文化彩陶钵（H293、H297）

1. 彩陶双錾钵（H297：20）

2. 彩陶钵（H302：3）

彩版一〇六　庙底沟文化彩陶钵（H297、H302）

1. 素面钵（H229：16）

2. 彩陶钵（H229：22）

彩版一〇七　庙底沟文化陶钵（H229）

1. 彩陶钵（H325：6）

2. 彩陶钵（H325：7）

彩版一〇八　庙底沟文化彩陶钵（H325）

1. 彩陶钵（H325∶8）

2. 彩陶钵（H208∶16）

彩版一〇九　庙底沟文化彩陶钵（H208、H325）

1. 彩陶钵（H328：2）

2. 彩陶钵（H328：3）

彩版一一〇　庙底沟文化彩陶钵（H328）

1. 彩陶钵（H328：16）

2. 彩陶钵（H328：17）

彩版一一一　庙底沟文化彩陶钵（H328）

1. 彩陶钵（H335：8）

2. 彩陶钵（H335：9）

彩版一一二　庙底沟文化彩陶钵（H335）

1. 彩陶钵（H335：10）

2. 彩陶钵（H335：11）

彩版一一三　庙底沟文化彩陶钵（H335）

1. 彩陶钵（H335：12）

2. 彩陶钵（H335：17）

彩版一一四　庙底沟文化彩陶钵（H335）

1. 彩陶钵（H335：20）

2. 彩陶钵（H335：21）

彩版一一五　庙底沟文化彩陶钵（H335）

1. 彩陶钵（H335：28）

2. 彩陶钵（H335：34）

彩版一一六　庙底沟文化彩陶钵（H335）

1. 彩陶钵（H335：36）

2. 彩陶钵（H335：39）

彩版一一七　庙底沟文化彩陶钵（H335）

1. 彩陶钵（H335：42）

2. 彩陶钵（H335：43）

彩版一一八　庙底沟文化彩陶钵（H335）

1. 彩陶钵（H354：4）

2. 彩陶钵（H371：7）

彩版一一九　庙底沟文化彩陶钵（H354、H371）

1. 彩陶钵（H383：1）

2. 彩陶钵（H348：9）

彩版一二〇　庙底沟文化彩陶钵（H383、H348）

1. 彩陶钵（H408：1）

2. 彩陶钵（H408：3）

彩版一二一　庙底沟文化彩陶钵（H408）

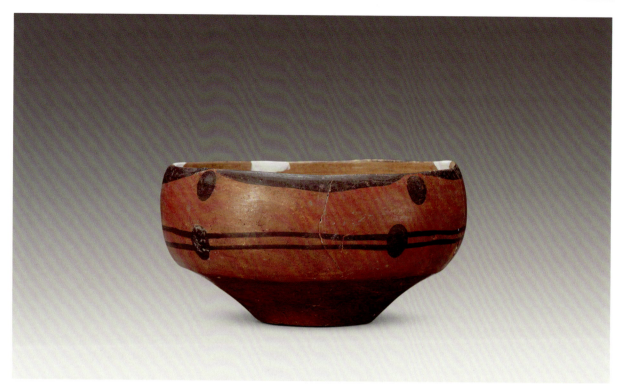

1. 彩陶钵（H408：30）

2. 彩陶钵（H408：31）

彩版一二二　庙底沟文化彩陶钵（H408）

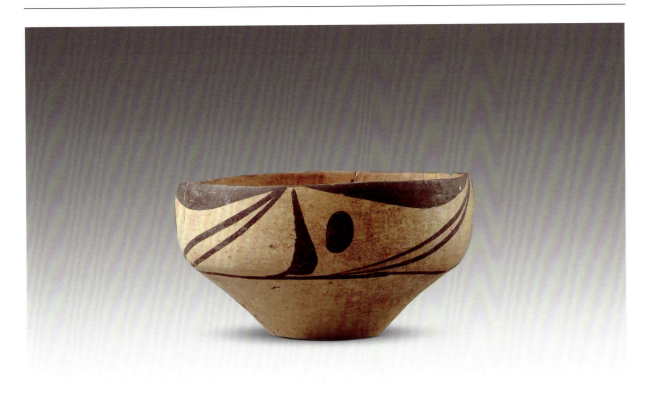

1. 彩陶钵（H408：32）

2. 彩陶钵（H408：34）

彩版一二三　庙底沟文化彩陶钵（H408）

1. 彩陶钵（H408：35）

2. 彩陶钵（H408：36）

彩版一二四　庙底沟文化彩陶钵（H408）

1. 彩陶钵（H408：37）

2. 彩陶钵（H408：39）

彩版一二五　庙底沟文化彩陶钵（H408）

1. 彩陶钵（H408：40）

2. 彩陶钵（H408：41）

彩版一二六　庙底沟文化彩陶钵（H408）

1. 彩陶钵（H408：43）

2. 彩陶钵（H412：11）

彩版一二七　庙底沟文化彩陶钵（H408、H412）

1. 彩陶钵（H423：2）

2. 彩陶钵（H432：8）

彩版一二八　庙底沟文化彩陶钵（H423、H432）

1. 彩陶钵（H432：9）

2. 彩陶钵（H432：10）

彩版一二九　庙底沟文化彩陶钵（H432）

1. 彩陶钵（H432∶13）

2. 彩陶钵（H432∶15）

彩版一三〇　庙底沟文化彩陶钵（H432）

1. 彩陶钵（H432∶16）

2. 彩陶钵（H432∶19）

彩版一三一　庙底沟文化彩陶钵（H432）

1. 彩陶钵（H432：20）

2. 彩陶钵（H432：22）

彩版一三二　庙底沟文化彩陶钵（H432）

1. 彩陶钵（H432：24）

2. 彩陶钵（H432：25）

彩版一三三　庙底沟文化彩陶钵（H432）

1. 彩陶钵（H432：28）

2. 彩陶钵（H432：31）

彩版一三四　庙底沟文化彩陶钵（H432）

1. 彩陶钵（H432：32）

2. 彩陶钵（H432：33）

彩版一三五　庙底沟文化彩陶钵（H432）

1. 彩陶钵（H432：34）

2. 彩陶钵（H432：43）

彩版一三六　庙底沟文化彩陶钵（H432）

1. 彩陶钵（H432：91）

2. 彩陶钵（H442：22）

彩版一三七　庙底沟文化彩陶钵（H432、H442）

1. 彩陶钵（H442：23）

2. 彩陶钵（H457：1）

彩版一三八　庙底沟文化彩陶钵（H442、H457）

1. 彩陶钵（H457：2）

2. 彩陶钵（H457：6）

彩版一三九　庙底沟文化彩陶钵（H457）

1. 彩陶钵（H477：2）

2. 彩陶钵（H477：3）

彩版一四〇　庙底沟文化彩陶钵（H477）

1. 彩陶钵（H477：4）

2. 彩陶钵（H477：7）

彩版一四一　庙底沟文化彩陶钵（H477）

1. 彩陶钵（H477：8）

2. 彩陶钵（H477：9）

彩版一四二　庙底沟文化彩陶钵（H477）

1. 彩陶钵（H477：12）

2. 彩陶钵（H477：14）

彩版一四三　庙底沟文化彩陶钵（H477）

1. 彩陶钵（H477∶16）

2. 彩陶钵（H477∶17）

彩版一四四　庙底沟文化彩陶钵（H477）

1. 彩陶钵（H477：18）

2. 彩陶钵（H477：19）

彩版一四五　庙底沟文化彩陶钵（H477）

1. 彩陶钵（H477：21）

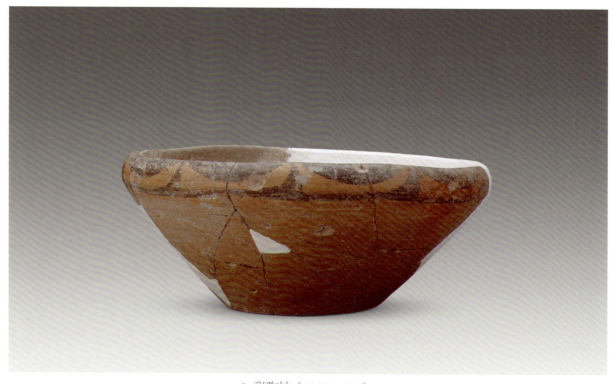

2. 彩陶钵（H477：22）

彩版一四六　庙底沟文化彩陶钵（H477）

1. 彩陶钵（H477：23）

2. 彩陶钵（H477：24）

彩版一四七　庙底沟文化彩陶钵（H477）

1. 彩陶钵（H477：29）

2. 彩陶钵（H477：30）

彩版一四八　庙底沟文化彩陶钵（H477）

1. 彩陶钵（H477：37）

2. 彩陶钵（H477：39）

彩版一四九　庙底沟文化彩陶钵（H477）

1. 彩陶钵（H477：40）

2. 素面钵（H477：44）

彩版一五〇　庙底沟文化陶钵（H477）

1. 彩陶钵（H477∶45）

2. 彩陶钵（H477∶54）

彩版一五一　庙底沟文化彩陶钵（H477）

1. 彩陶钵（H477：60）

2. 彩陶钵（H477：60）

彩版一五二　庙底沟文化彩陶钵（H477）

1. 彩陶钵（H477：63）

2. 彩陶钵（H477：68）

彩版一五三　庙底沟文化彩陶钵（H477）

1. 彩陶钵（H477：69）

2. 素面钵（H501：20）

彩版一五四　　庙底沟文化陶钵（H477、H501）

1. 彩陶钵（H529：9）

2. 彩陶钵（H529：10）

彩版一五五　庙底沟文化彩陶钵（H529）

1. 彩陶钵（H529：11）

2. 彩陶钵（H542：3）

彩版一五六　　庙底沟文化彩陶钵（H529、H542）

1. 彩陶钵（H542：5）

2. 彩陶钵（H569：4）

彩版一五七　庙底沟文化彩陶钵（H542、H569）

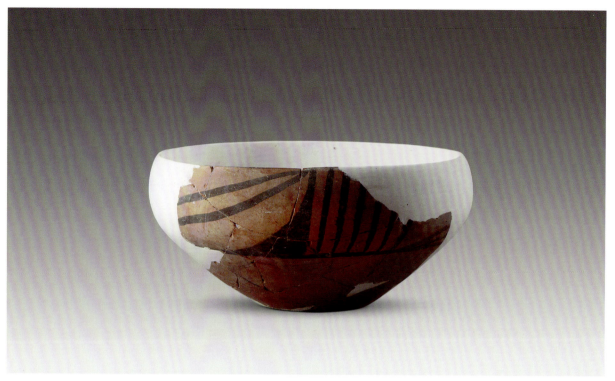

1. 彩陶钵（H599：3）

2. 彩陶钵（H615：2）

彩版一五八　庙底沟文化彩陶钵（H599、H615）

1. 彩陶钵（H619：9）

2. 彩陶钵（H619：15）

彩版一五九　庙底沟文化彩陶钵（H619）

1. 彩陶钵（H619：28）

2. 彩陶钵（H619：32）

彩版一六〇　庙底沟文化彩陶钵（H619）

1. 彩陶钵（H619：35）

2. 彩陶钵（H619：37）

彩版一六一 庙底沟文化彩陶钵（H619）

1. 彩陶钵（H619：38）

2. 彩陶钵（H619：39）

彩版一六二　庙底沟文化彩陶钵（H619）

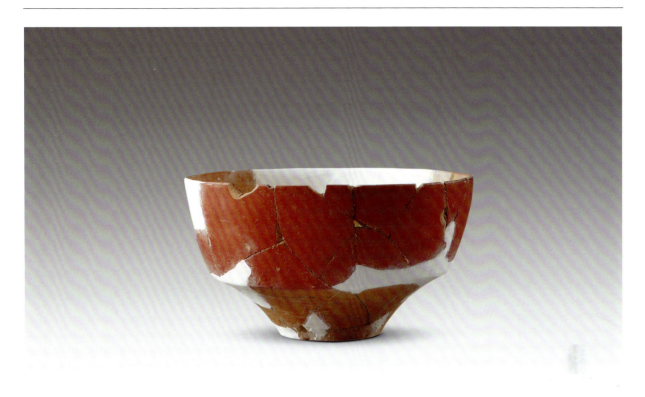

1. 素面钵（H619：40）

2. 彩陶钵（H635：9）

彩版一六三　庙底沟文化陶钵（H619、H635）

1. 彩陶钵（H635：16）

2. 彩陶钵（H766：10）

彩版一六四　庙底沟文化彩陶钵（H635、H766）

1. 彩陶钵（H770：36）

2. 彩陶钵（H770：37）

彩版一六五　庙底沟文化彩陶钵（H770）

1. 彩陶钵（H770∶39）

2. 彩陶钵（H770∶41）

彩版一六六　庙底沟文化彩陶钵（H770）

1. 彩陶钵（H770：43）

2. 彩陶钵（H770：45）

彩版一六七　庙底沟文化彩陶钵（H770）

1. 彩陶钵（H770：46）

2. 彩陶钵（H770：47）

彩版一六八　庙底沟文化彩陶钵（H770）

1. 彩陶钵（H770：49）

2. 彩陶钵（H770：51）

彩版一六九　庙底沟文化彩陶钵（H770）

1. 彩陶钵（H770：61）

2. 彩陶钵（H770：65）

彩版一七〇 庙底沟文化彩陶钵（H770）

1. 彩陶钵（H770：67）

2. 彩陶钵（H770：69）

彩版一七一　庙底沟文化彩陶钵（H770）

1. 彩陶钵（H770：77）

2. 彩陶钵（H770：78）

彩版一七二　庙底沟文化彩陶钵（H770）

1. 彩陶钵（H770：80）

2. 素面钵（H770：82）

彩版一七三　庙底沟文化陶钵（H770）

1. 彩陶钵（H770：118）

2. 彩陶钵（H770：119）

彩版一七四　庙底沟文化彩陶钵（H770）

1. 彩陶钵（H773：1）

2. 彩陶钵（H773：8）

彩版一七五　庙底沟文化彩陶钵（H773）

1. 彩陶钵（H812：1）

2. 彩陶钵（H835：2）

彩版一七六　庙底沟文化彩陶钵（H812、H835）

1. 彩陶钵（H854：6）

2. 彩陶钵（T17④：23）

彩版一七七　庙底沟文化彩陶钵（H854、T17④）

1. 彩陶钵（T17⑤：28）

2. 彩陶钵（T17⑥：31）

彩版一七八　庙底沟文化彩陶钵（T17⑤、T17⑥）

1. 彩陶钵（T21 ③：108）

2. 彩陶钵（T21 ④：107）

彩版一七九　庙底沟文化彩陶钵（T21 ③、T21 ④）

1. 彩陶钵（T21 ⑨：77）

2. 彩陶钵（T21 ⑨：78）

彩版一八〇　庙底沟文化彩陶钵（T21 ⑨）

1. 彩陶钵（T21 ⑨：79）

2. 彩陶钵（T21 ⑨：80）

彩版一八一　庙底沟文化彩陶钵（T21 ⑨）

1. 彩陶钵（T22 ④：17）

2. 彩陶钵（T35 ②：6）

彩版一八二　庙底沟文化彩陶钵（T22 ④、T35 ②）

1. 彩陶钵（T35 ② ：7）

2. 彩陶钵（T35 ② ：9）

彩版一八三　庙底沟文化彩陶钵（T35 ②）

1. 彩陶钵（T35 ② ：10）

2. 素面钵（T35 ② ：11）

彩版一八四　庙底沟文化陶钵（T35 ②）

1. 彩陶钵（T62 ⑤：14）

2. 彩陶钵（T128 ①：2）

彩版一八五　庙底沟文化彩陶钵（T62 ⑤、T128 ①）

1. 彩陶器盖（T21 ⑨：130）

2. 彩陶罐（H9：27）

彩版一八六　庙底沟文化彩陶器盖、罐（T21 ⑨、H9）

1. 彩陶盆（T21 ⑨：87）

2. 彩陶盆（T21 ⑨：88）

彩版一八七　庙底沟文化彩陶盆（T21 ⑨）

1. 彩陶盆（T21 ⑨：95）

2. 彩陶盆（T21 ⑨：127）

彩版一八八　庙底沟文化彩陶盆（T21 ⑨）

1. 彩陶盆（H7：25）

2. 彩陶盆（H9：20）

彩版一八九　庙底沟文化彩陶盆（H7、H9）

1. 彩陶盆（H9：21）

2. 彩陶盆（H9：43）

彩版一九〇　庙底沟文化彩陶盆（H9）

1. 彩陶盆（H9：44）

2. 彩陶盆（H9：47）

彩版一九一　庙底沟文化彩陶盆（H9）

1. 彩陶盆（H20：1）

2. 彩陶盆（H20：2）

彩版一九二　庙底沟文化彩陶盆（H20）

1. 彩陶盆（H29：7）

2. 彩陶盆（H29：13）

彩版一九三　庙底沟文化彩陶盆（H29）

1. 彩陶双錾钵（H29：17）

2. 彩陶盆（H29：18）

彩版一九四　庙底沟文化彩陶双錾钵、彩陶盆（H29）

1. 彩陶盆（H29：19）

2. 彩陶罐（H29：23）

彩版一九五　庙底沟文化彩陶盆、彩陶罐（H29）

1. 彩陶盆（H39：1）

2. 彩陶盆（H39：5）

彩版一九六　庙底沟文化彩陶盆（H39）

1. 彩陶盆（H39：10）

2. 彩陶盆（H39：32）

彩版一九七　庙底沟文化彩陶盆（H39）

1. 彩陶盆（T94⑦：5）

2. 彩陶盆（H51：13）

彩版一九八　庙底沟文化彩陶盆（T94⑦、H51）

1. 彩陶盆（H51：17）

2. 彩陶盆（H78：2）

彩版一九九　庙底沟文化彩陶盆（H51、H78）

1. 彩陶盆（H78：5）

2. 彩陶盆（H102：5）

彩版二〇〇　庙底沟文化彩陶盆（H78、H102）

1. 彩陶盆（H106：1）

2. 彩陶盆（H106：11）

彩版二〇一　庙底沟文化彩陶盆（H106）

1. 彩陶盆（H108：33）

2. 彩陶盆（H108：34）

彩版二〇二　庙底沟文化彩陶盆（H108）

1. 彩陶盆（H111：9）

2. 彩陶盆（H111：10）

彩版二〇三　庙底沟文化彩陶盆（H111）

1. 彩陶盆（H122：9）

2. 彩陶盆（H122：17）

彩版二〇四　庙底沟文化彩陶盆（H122）

1. 彩陶盆（H122：19）

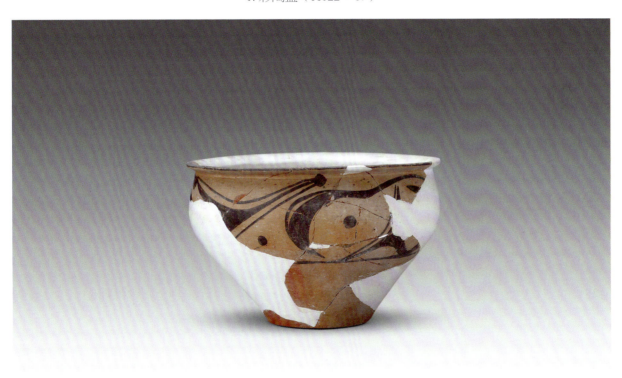

2. 彩陶盆（H156：4）

彩版二〇五　庙底沟文化彩陶盆（H122、H156）

1. 彩陶盆（H164：15）

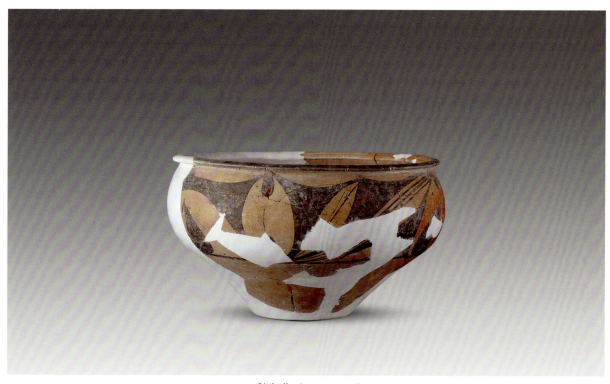

2. 彩陶盆（H166：5）

彩版二〇六　庙底沟文化彩陶盆（H164、H166）

1. 彩陶盆（H166：27）

2. 彩陶盆（H166：28）

彩版二〇七　庙底沟文化彩陶盆（H166）

1. 彩陶盆（H189：6）

2. 彩陶双錾盆（H197：1）

彩版二〇八　庙底沟文化彩陶盆（H189、H197）

1. 彩陶盆（H220：30）

2. 彩陶盆（H273：6）

彩版二〇九　庙底沟文化彩陶盆（H220、H273）

1. 彩陶双錾钵（H278：1）

2. 彩陶盆（H278：2）

彩版二一〇　庙底沟文化彩陶双錾钵、彩陶盆（H278）

1. 彩陶盆（H278：5）

2. 彩陶盆（H278：14）

彩版二一一　庙底沟文化彩陶盆（H278）

1. 彩陶盆（H278：15）

2. 彩陶盆（H286：14）

彩版二一二　庙底沟文化彩陶盆（H278、H286）

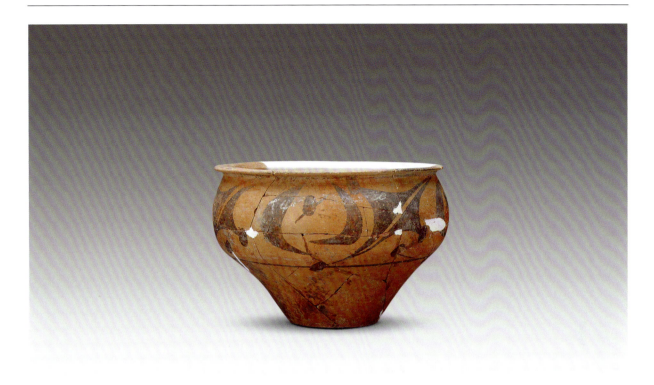

1. 彩陶盆（H286：20）

2. 彩陶盆（H328：10）

彩版二一三　庙底沟文化彩陶盆（H286、H328）

1. 彩陶盆（H335：7）

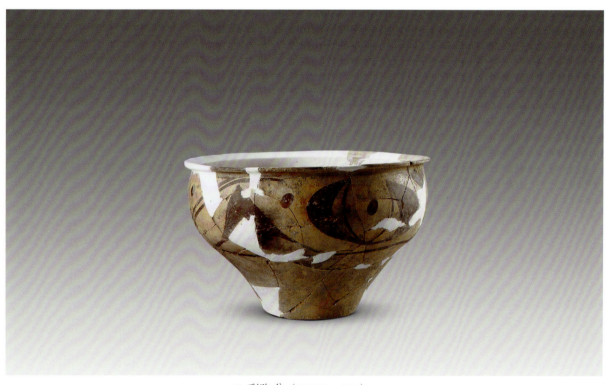

2. 彩陶盆（H335：24）

彩版二一四　庙底沟文化彩陶盆（H335）

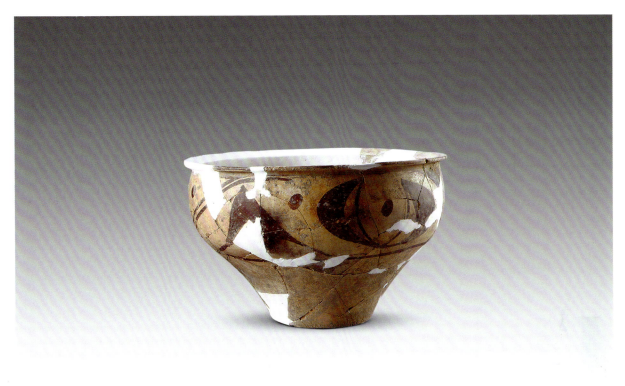

1. 彩陶盆（H335：24）

2. 彩陶盆（H335：27）

彩版二一五　庙底沟文化彩陶盆（H335）

1. 彩陶盆（H335：30）

2. 彩陶盆（H342：4）

彩版二一六　庙底沟文化彩陶盆（H335、H342）

1. 彩陶盆（H342：11）

2. 彩陶盆（H342：13）

彩版二一七　庙底沟文化彩陶盆（H342）

1. 彩陶盆（H346：1）

2. 彩陶盆（H348：4）

彩版二一八　庙底沟文化彩陶盆（H346、H348）

1. 彩陶盆（H348：7）

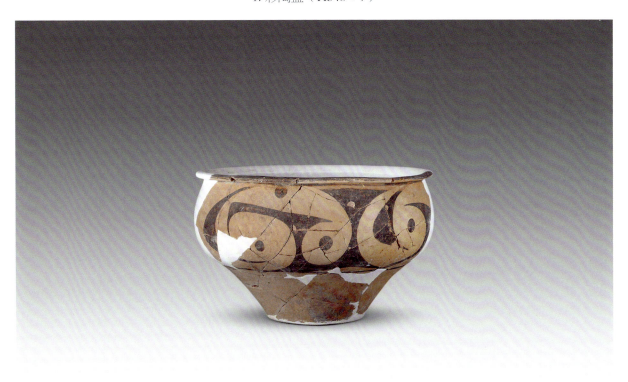

2. 彩陶盆（H358：2）

彩版二一九　庙底沟文化彩陶盆（H348、H358）

1. 彩陶盆（H371：2）

2. 彩陶盆（H383：2）

彩版二二〇　庙底沟文化彩陶盆（H371、H383）

1. 彩陶盆（H408：2）

2. 彩陶盆（H408：8）

彩版二二一　庙底沟文化彩陶盆（H408）

1. 彩陶盆（H408：9）

2. 彩陶盆（H408：44）

彩版二二二　庙底沟文化彩陶盆（H408）

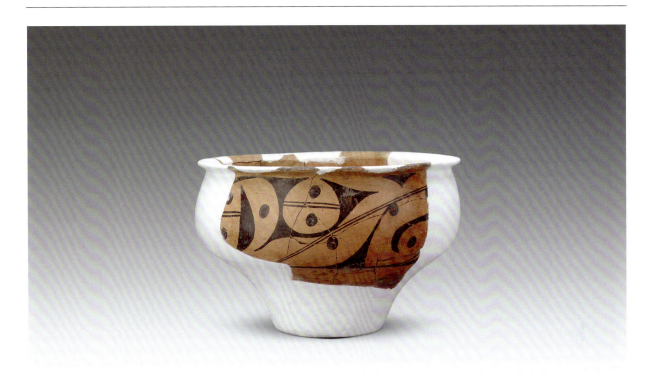

1. 彩陶盆（H408∶58）

2. 彩陶盆（H412∶5）

彩版二二三　庙底沟文化彩陶盆（H408、H412）

1. 彩陶盆（H412：6）

2. 彩陶盆（H432：93）

彩版二二四　庙底沟文化彩陶盆（H412、H432）

1. 彩陶盆（H438：13）

2. 彩陶盆（H452：12）

彩版二二五　庙底沟文化彩陶盆（H438、H452）

1. 彩陶盆（H457：3）

2. 彩陶盆（H471：12）

彩版二二六　庙底沟文化彩陶盆（H457、H471）

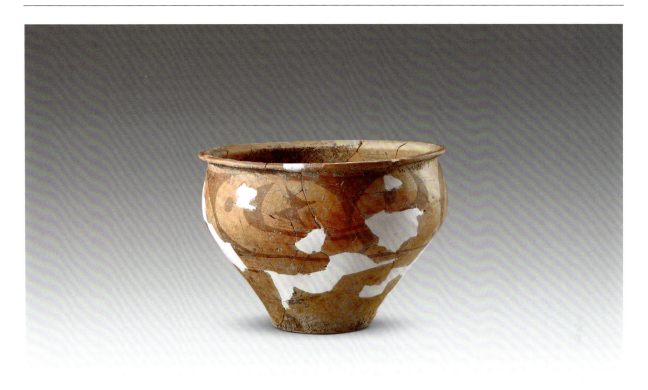

1. 彩陶盆（H471：14）

2. 彩陶盆（H477：116）

彩版二二七　庙底沟文化彩陶盆（H471、H477）

1. 彩陶盆（H477：31）

2. 彩陶盆（H477：33）

彩版二二八　庙底沟文化彩陶盆（H477）

1. 彩陶盆（H477：34）

2. 彩陶盆（H477：35）

彩版二二九　庙底沟文化彩陶盆（H477）

1. 彩陶盆（H477：46）

2. 彩陶盆（H477：50）

彩版二三〇　庙底沟文化彩陶盆（H477）

1. 彩陶盆（H477：51）

2. 彩陶盆（H477：53）

彩版二三一　庙底沟文化彩陶盆（H477）

1.彩陶盆（H477：62）

2.彩陶盆（H477：64）

彩版二三二　庙底沟文化彩陶盆（H477）

1. 彩陶盆（H477：65）

2. 彩陶盆（H477：66）

彩版二三三　庙底沟文化彩陶盆（H477）

1. 彩陶盆（H477：67）

2. 彩陶盆（H611：1）

彩版二三四　庙底沟文化彩陶盆（H477、H611）

1. 彩陶盆（H619：2）

2. 彩陶盆（H619：17）

彩版二三五　庙底沟文化彩陶盆（H619）

1. 彩陶盆（H619：21）

2. 彩陶盆（H619：25）

彩版二三六　庙底沟文化彩陶盆（H619）

1. 彩陶盆（H708：6）

2. 彩陶盆（H711：4）

彩版二三七　庙底沟文化彩陶盆（H708、H711）

1. 彩陶盆（H766：16）

2. 彩陶盆（H770：53）

彩版二三八　庙底沟文化彩陶盆（H766、H770）

1. 彩陶盆（H787：20）

2. 彩陶盆（H812：2）

彩版二三九　庙底沟文化彩陶盆（H787、H812）

1. 彩陶盆（T17④：21）

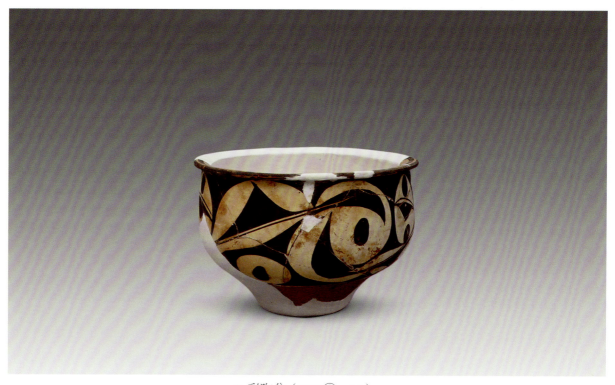

2. 彩陶盆（T17⑧：16）

彩版二四〇　庙底沟文化彩陶盆（T17④、T17⑧）

1. 彩陶盆（T17⑧：36）

2. 彩陶盆（T17⑨：46）

彩版二四一　庙底沟文化彩陶盆（T17⑧、T17⑨）

1. 彩陶盆（T21⑧：33）

2. 彩陶盆（T94⑧：6）

彩版二四二　庙底沟文化彩陶盆（T21⑧、T94⑧）

1. 彩陶盆（T94⑧：28）

2. 彩陶壶（H9：22）

彩版二四三　庙底沟文化彩陶盆、彩陶壶（T94 ⑧、H9）

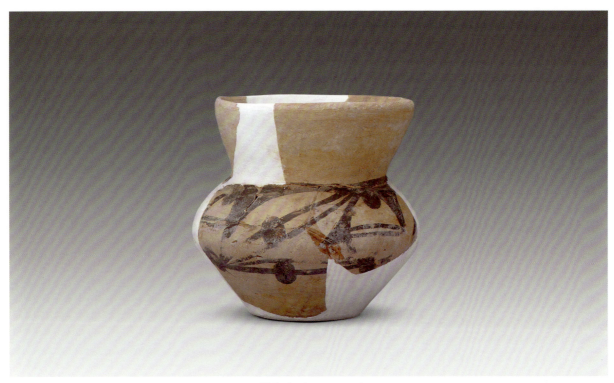

1. 彩陶壶（H51：12）

2. 彩陶单把罐（H113：1）

彩版二四四　庙底沟文化彩陶壶、彩陶单把罐（H51、H113）

1. 彩陶壶（H787：18）

2. 彩陶罐（H29：24）

彩版二四五　庙底沟文化彩陶壶、彩陶罐（H787、H29）

1. 彩陶罐（H92∶17）

2. 彩陶罐（H263∶4）

3. 彩陶罐（H432∶45）

彩版二四六　庙底沟文化彩陶罐（H92、H263、H432）

1. 彩陶刀（H4：3）

2. 彩陶盆（H9：103）

彩版二四七　庙底沟文化彩陶刀、彩陶盆残片（H4、H9）

1. 彩陶罐（H9：113）

2. 彩陶片（H9：180）

彩版二四八　庙底沟文化彩陶残片（H9）

1. 彩陶盆（H29：196）

2. 彩陶瓮（H202：6）

彩版二四九　庙底沟文化彩陶残片（H29、H202）

1. 彩陶盆（H408：100）

2. 彩陶钵（H408：101）

彩版二五〇　庙底沟文化彩陶盆、盆残片（H408）

1. 彩陶钵（H438∶60）

2. 彩陶钵（H438∶61）

彩版二五一　庙底沟文化彩陶钵残片（H438）

1. 彩陶罐（H471∶36）

2. 彩陶钵（H501∶34）

彩版二五二　庙底沟文化彩陶罐、钵残片（H471、H501）

1. 彩陶钵（T21⑥：184）

2. 彩陶盆（T21⑨：185）

彩版二五三　庙底沟文化彩陶钵、盆残片（T21⑥、T21⑨）

1. 彩陶盆（H619∶69）

2. 彩陶钵（H619∶70）

彩版二五四 庙底沟文化彩陶盆、钵残片（H619）

1. 陶环（H72：35）

2. 陶环（H278：4）

彩版二五五　庙底沟文化陶环（H72、H278）

1. 陶环（H408：55）

2. 陶环（H408：56）

彩版二五六　庙底沟文化陶环（H408）

1. 陶环（H408：56）

2. 陶环（H408：64）

彩版二五七　庙底沟文化陶环（H408）

1. 陶环（H408：65）

2. 陶环（H408：66）

彩版二五八　庙底沟文化陶环（H408）

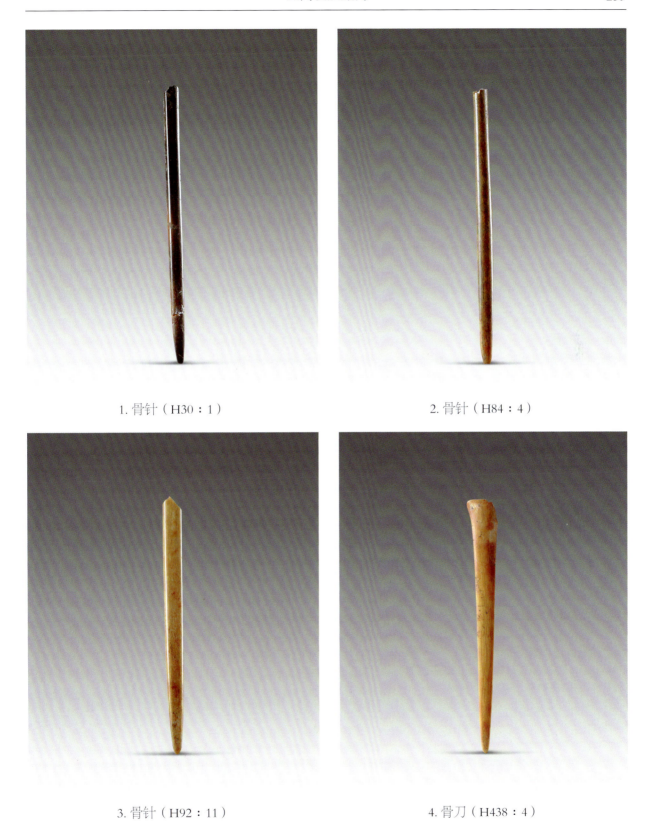

1. 骨针（H30：1）

2. 骨针（H84：4）

3. 骨针（H92：11）

4. 骨刀（H438：4）

彩版二五九　庙底沟文化骨器（H30、H84、H92、H438）

1. 骨镞（H538 : 1）

2. 骨镞（H677 : 5）

3. 骨镞（H872 : 1）

4. 骨锥（H477 : 157）

彩版二六〇　庙底沟遗址出土骨器（H538、H677、H872、H477）

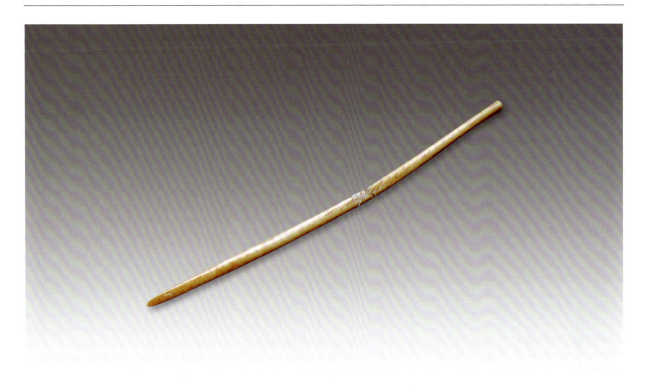

1. 骨针（H84：13）

2. 骨针（H116：8）

彩版二六一　庙底沟文化骨针（H84、H116）

1. 骨针（H220：1）

2. 骨针（H325：2）

彩版二六二　庙底沟文化骨针（H220、H325）

1. 骨针（H432∶157）

2. 骨针（T17 ⑦∶13）

彩版二六三　庙底沟文化骨针（H432、T17 ⑦）

1. 骨镞（H166∶1）

2. 骨镞（H229∶4）

彩版二六四　庙底沟文化骨镞（H166、H229）

1. 骨镞（H325：4）

2. 骨镞（H477：158）

彩版二六五　庙底沟文化骨镞（H325、H477）

1. 骨片（H152∶7）

2. 骨锥（H477∶159）

彩版二六六　庙底沟文化骨器（H152、H477）

1. 石刀（H92：10）

2. 石刀（H111：4）

彩版二六七　庙底沟文化石刀（H92、H111）

1. 石刀（H114：4）

2. 石刀（H325：17）

彩版二六八　庙底沟文化石刀（H114、H325）

1. 石刀（H379：1）

2. 石刀（H412：2）

彩版二六九　庙底沟文化石刀（H397、H412）

1. 石刀（H477：77）

2. 石刀（H594：4）

彩版二七〇　庙底沟文化石刀（H477、H594）

1. 石刀（H522∶1）

2. 石刀（H546∶1）

彩版二七一　庙底沟文化石刀（H522、H546）

1. 石刀（H770：2）

2. 石刀（H825：1）

彩版二七二　庙底沟文化石刀（H770、H825）

1. 石刀（T21 ② : 3）

2. 石铲（H339 : 1）

彩版二七三　庙底沟文化石器（T21 ②、H339）

1. 石铲（H7：24）　　　　　　　　　2. 石铲（H127：1）

3. 石铲（H155：1）　　　　　　　　　4. 石父（H173：1）

彩版二七四　庙底沟文化石铲（H7、H127、H155、H173）

1. 石铲（H284：1）

2. 石铲（H353：1）

3. 石铲（H548：1）

4. 石铲（H714：1）

彩版二七五　庙底沟文化石铲（H284、H353、H548、H714）

1. 石铲（H770：9）

2. 石铲（T21 ⑦：12）

彩版二七六　庙底沟文化石铲（H770、T21 ⑦）

1. 石纺轮（H39：21）

2. 石纺轮（H354：11）

彩版二七七　庙底沟文化石纺轮（H39、H354）

1. 石纺轮（H477：78）

2. 石纺轮（H501：3）

彩版二七八　庙底沟文化石纺轮（H477、H501）

1. 石纺轮（T22③：10）

2. 研磨器（H9：195）

彩版二七九　庙底沟文化石器（T22③、H9）

1.石磨盘（H122：1）

2.石镰（H417：3）

彩版二八〇　庙底沟文化石器（H122、H417）

1. 石璧（H782∶1）

2. 石锤（H191∶1）

彩版二八一　庙底沟文化时期（H782、H191）

1. 石刀（H165：12）　　　　　　　　　　2. 石锛（H546：7）

3. 石铲（H432：104）　　　　　　　　　　4. 石铲（H432：104）

彩版二八二　庙底沟文化石器（H165、H546、H432）

1. 石核（H175：4）

2. 石片（H438：2）

彩版二八三　庙底沟文化石器（H175、H438）

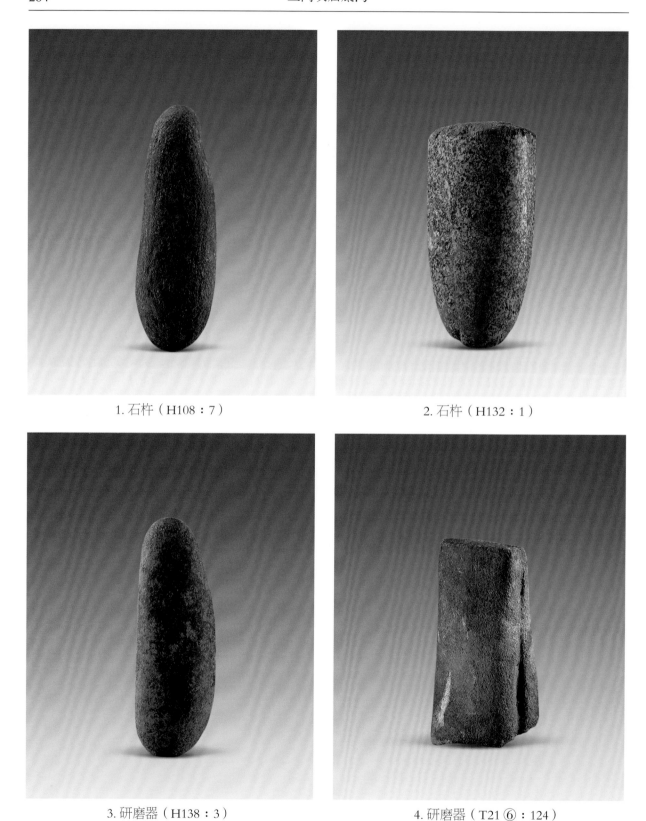

1. 石杵（H108 : 7）　　　　　　　　　2. 石杵（H132 : 1）

3. 研磨器（H138 : 3）　　　　　　　4. 研磨器（T21 ⑥ : 124）

彩版二八四　庙底沟文化石器（H108、H132、H138、T21 ⑥）

1. 石斧（H22：2）

2. 石斧（H114：7）

3. 石斧（H286：1）

4. 石斧（H348：3）

彩版二八五　庙底沟文化石斧（H22、H114、H286、H348）

1. 石斧（H432：158）   2. 石斧（H465：4）

3. 石斧（H745：1）   4. 石斧（T21⑦：13）

彩版二八六　庙底沟文化石斧（H432、H465、H745、T21⑦）

1. 石饼（H5：10）

2. 石饼（H118：1）

彩版二八七　庙底沟文化石饼（H5、H118）

1. 石饼（H223：1）

2. 石饼（H255：19）

彩版二八八　庙底沟文化石饼（H223、H255）

1. 石饼（H255∶20）

2. 石饼（H313∶3）

彩版二八九　庙底沟文化石饼（H255、H313）

1. 石饼（H339：9）

2. 石饼（H458：4）

彩版二九○　庙底沟文化石饼（H339、H458）

1. 石饼（H599：11）

2. 石饼（H710：1）

彩版二九一　庙底沟文化石饼（H599、H710）

1. 石饼（T17 ⑦：78）

2. 石饼（T94 ⑨：1）

彩版二九二　庙底沟文化石饼（T17 ⑦、T94 ⑨）

1. 石球（H108：3）

2. 石球（H155：2）

彩版二九三　庙底沟文化石球（H108、H155）

1. 石球（H278：43）

2. 石球（H338：1）

彩版二九四　庙底沟文化石球（H278、H338）

1. 石球（H342：1）

2. 石球（H384：1）

彩版二九五　庙底沟文化石球（H342、H384）

1. 石球（H646：4）

2. 石球（H707：1）

彩版二九六　庙底沟文化石球（H646、H707）

1. 石铲（H212：1）

2. 石铲（H323：5）

彩版二九七　西王村文化石铲（H212、H323）

1. 石铲（H632：6）

2. 石网坠（H390：1）

彩版二九八　西王村文化石器（H632、H390）

1. 石刀（H805：25）

2. 石刀（T92 ② ：3）

彩版二九九　西王村文化石刀（H805、T92 ②）

1. 石球（H450：1）

2. 石球（T106③：3）

彩版三〇〇　西王村文化石球（H450、T106③）

1. 石饼（H766：18）

2. 石饼（H820：16）

彩版三〇一　西王村文化石饼（H766、H820）

1. 石饼（H865：02）

2. 石饼（T130①：1）

彩版三〇二　西王村文化石饼（H865、T130①）

1. 石铲（T47 ⑤：1）

2. 石铲（T48 ④：4）

3. 石饼（H695：1）

彩版三〇三　西王村文化石器（T47 ⑤、T48 ④、H695）

1. 石铲（H748：1）

2. 石刀（T97②：1）

3. 石斧（T97②：2）

彩版三〇四　庙底沟二期文化石器（H748、T97②）

1. 石饼（H87：19）

2. 石饼（H87：20）

彩版三〇五　庙底沟二期文化石饼（H87）

1. 石饼（H485：1）

2. 石球（H485：2）

彩版三〇六　庙底沟二期文化石器（H485）